中华中医昆仑

李玉奇学术评传

张镜源◎主编

中国盲文出版社

图书在版编目（CIP）数据

李玉奇学术评传（大字版）/ 张镜源主编．—北京：中国盲文出版社，2015.12
（中华中医昆仑）
ISBN 978-7-5002-6759-1

Ⅰ．①李…　Ⅱ．①张…　Ⅲ．①李玉奇（1917～2011）—评传　Ⅳ．①K826.2

中国版本图书馆 CIP 数据核字（2015）第 303127 号

李玉奇学术评传

主　　编：张镜源
责任编辑：亢　淼
出版发行：中国盲文出版社
社　　址：北京市西城区太平街甲 6 号
邮政编码：100050
印　　刷：北京华联印刷有限公司
经　　销：新华书店
开　　本：700×1000　1/16
字　　数：42 千字
印　　张：6.75
版　　次：2015 年 12 月第 1 版　2015 年 12 月第 1 次印刷
书　　号：ISBN 978-7-5002-6759-1/K·384
定　　价：12.00 元
销售服务热线：（010）83190297　83190289　83190292

丛书编委会

前　言

中医药是中华民族的伟大创造，是世界医学宝库中的夺目瑰宝，数千年来为中华民族的繁衍昌盛作出了巨大的不可磨灭的贡献，至今仍是中国医药卫生事业不可分割的重要组成部分，在维护民族体魄康健、促进经济社会发展中发挥着不可替代的作用。

中医药学，是中华传统文化和科技文明的结晶，是勤劳聪慧的中华儿女在几千年生产生活实践中，在与疾病作斗争的过程中，创造的独具特色的医学科学体系。它有着浓郁的民族特色、深厚的文化底蕴和丰富的哲学内涵。经过一代又一代中医药传人、一辈又一辈名医大家的实践探索、薪火传承、总结完善、创新发展，逐步形成了系统的理论体系、独特的诊疗方法、丰富的医学内容、实用的制药技术。具有疗效确切、用药安全、应诊灵活、普适简廉和预防保健作用显著的巨大优势，在世界医学之林独树一帜，为人类的文明进步与医疗保健事业，已经并正在作出积极的贡献。

为了弘扬中华民族传统文化，彰显中医药学家的丰功伟绩，当代中医药发展研究中心与中国文学艺术界联合会、国家中医药管理局新闻办公室、中华中医药学会、中国中医科学院、北京中医药大学、世界中医药学会联合会等精诚合作，在国家中医药管理局的支持和指导下，为中华近现代百年来贡献卓著、深受敬仰的150位中医药学家，编撰出版了这部大型传记丛书。丛书采用评传体裁，记载他们的生平事迹、医术专长、学术思想、传承教育、医风医德、养生之道和突出贡献，使这些宝贵的医学成就和精神财富发扬光大，千古流芳。

丛书取名《中华中医昆仑》。昆仑山，被尊为“万山之祖”，柱西北而瞰东南，立中国而凭世界，凌驾乾坤，巍然屹立。以其高峻豪迈、绵延起伏的磅礴气势，寓意中华中医药学历史悠久、博大精深和永不衰竭；以其挺拔雄伟、高耸入云的恢弘气魄，彪炳一代中医药学家的丰功伟绩、杰出贡献和不朽勋业。

丛书入选传主，从全国范围推荐遴选，遍及中医药界各个领域。有临床家、理论家、药学家、教育家、医史文献学家；有名师亲授、世医家教、学派传人、院校毕业和自学成才者；有师徒并驾、父子齐名和伉俪联袂者。他们学术造诣深厚、诊疗技术精湛、临床经验丰富、学科地位崇高、科研成果丰硕、医风医德高尚、国内外影响较大，从医学理论到临床实践，为中医药事业的传承和发展作出了突出贡献，是近现代百年来中华中医药界的杰出代表。

丛书的出版，对于弘扬中华文化，振兴中医药事业，造就中医药人才，普及中医药知识，具有重要的现实意义和深远的历史意义。这是一项开创性工作，填补了我国为著名中医药学家大规模撰写传记的空白；也是一项抢救性工作，因入选传主已仙逝过半，许多亲历、亲见、亲闻的史料日见散逸，将之收集整理、编撰成书，功垂后世、利国利民；更是一项承前启后的工作，总结传主经验，传承中医药伟业，继往开来，光耀世界医学之林。这部医文结合，富蕴历史性、学术性、文学性和实用性的鸿篇巨制，对医疗、卫生、科研、教育及全球关注中华中医药文化的各界人士，都有重要的参考和阅读价值。

丛书的编撰出版，是一项巨大的中医药文

化建设工程，在策划、撰写、编辑、出版过程中，自始至终得到了国家有关领导、政府部门及社会各界人士的关心和支持。国家中医药管理局高度重视，并组织专家对全书进行终审；数百名专家、学者亲临指导，参与规划；有关省、市、自治区卫生厅、局、中医局（处）给予大力帮助；传主及其亲属、弟子热情支持、密切配合；撰稿人深情满怀、辛勤笔耕；编审专家尽心竭力、精工细琢；关爱中医药事业的企业家热心公益、慷慨资助；全体工作人员不辞辛劳、无私奉献，这一切使丛书得以顺利出版。对此，我们深表谢意。

由于时间紧迫和资料搜集困难，加之水平有限，难免有疏误之处，敬请广大读者批评指正。

中华中医药学，历史悠久，源远流长，发端于远古，奔向于未来。百年对于历史，不过是短暂的瞬间；百人对于万众，不过是沧海一粟。然本丛书所记载的百年百人，则无疑是波澜壮阔的中医药发展史上辉煌的篇章和光芒闪烁的璀璨星辰。

张镜源

目录

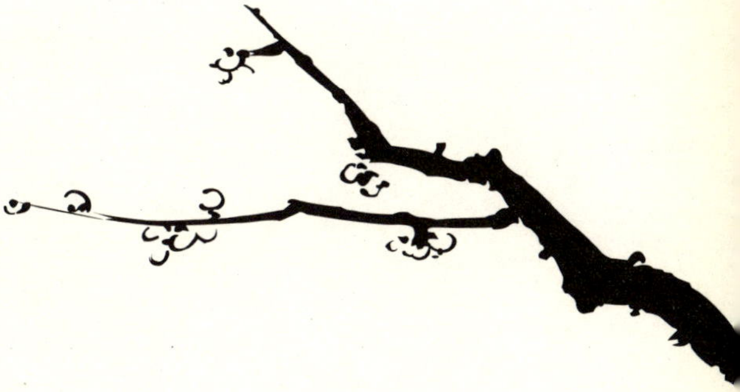

我活了快一个世纪了，把一辈子献给了中医，也见证了近百年中医药事业的发展历程。我所做的只是尽心尽力去医治患者，教授后学，把中医国粹传承下去。

——李玉奇

李玉奇（1917—2011），祖籍辽北银州城，即今之辽宁省铁岭市。著名中医学家，辽宁中医药大学教授，博士研究生导师，全国首批500名老中医药专家学术经验继承工作指导老师之一，享受国务院政府特殊津贴。2009年由人力资源和社会保障部、卫生部、国家中医药管理局评选为国医大师。

李玉奇是辽宁省卫生厅中医处的第一任处长。历任辽宁中医学院（现辽宁中医药大学）及其附属医院和省肿瘤医院副院长、院长，辽宁省中医学会会长，辽宁省中医药高级技术职务评审委员会主任委员，辽宁省药品评审委员会副主任委员，是中华中医药学会终身理事。曾荣获中华中医药学会首届中医药传承特别贡献奖和卫生部先进卫生工作者称号。

李玉奇是中医临床家，在60多年的医务生涯中，孜孜精研历代中医药典籍，博采百家精华，勇于探索创新。在萎缩性胃炎等诸多疑难病症的诊断及其治疗方面多有创新性的建树。有《中医验方》、《冠心病临床刍议》、《萎缩性胃炎以痈论治与研究》、《医门心镜》等十多部著作面世。

李玉奇是辽宁省医疗卫生工作的管理者。他长期担任领导职务，为辽宁省中医事业的建设呕心沥血，做了大量开拓性的工作。

李玉奇是著名的中医教育家。他治学严谨，博学多才。他教学认真，重于实践，因材施教，以德育人。他要求从医者必须德高品端，术业精专。他处处以身作则，以身示范。学生说，李玉奇老师是人之模范，医之榜样。

李玉奇志存高远，通古博今；酷爱文学，擅长书画。谈吐随风生珠玉，辞赋掷地作金声。他是医生，也是诗人、文人。他一生清正不阿，刚毅率直，有中华文士之古风。他识才爱才，更善育才，是学生的朋友和导师。李玉奇生活简朴，胸怀豁达，养生有方。直至九旬高龄，仍耳聪目明，步履矫健，思维敏捷，声如洪钟。还在为研究生讲课，为中医事业出谋划策，奔走呼号。李玉奇是一位不知疲倦，只知求索，功著岐黄，德昭杏林的仁人大医。

立下从医志　虚心拜名师

辽宁省铁岭市，唐朝始制富州，以冶炼白银著称于世。至辽代更名为银州，今称铁岭市。此地山清水秀，人杰地灵。《红楼梦》的续作者高鹗、蜚声海内外的中国指画鼻祖高其佩，以及名震九州的书法家魏燮均诞生在这里。一代伟人周恩来少年时代也曾在这里读书。李玉奇祖居铁岭城郊，其祖上原是乡间以耕读传世的富庶望族，后因家乡三年洪水为灾，祖父摇船避难不幸被浪打翻落水身亡。从此家道中落，而后全家迁居城里。

李玉奇的父亲笃信佛教，常给李玉奇讲一些佛门中启发悟性的故事，教他以谦恭行善等为人处世的道理。母亲李刘氏，出身书香名门，识文断字，心灵手巧，善于刺绣，还能画几笔水墨丹青。相夫教子，对李玉奇的成长影响很大。

李玉奇天资聪颖，四五岁时，在母亲教导下，开始诵读《千字文》、《弟子规》等童蒙养正之书，并兼习书法。未到 9 岁，一手流畅的赵孟頫体小楷已写得遒媚、秀逸了。每逢年节，或遇喜庆之事，乡邻都送来大红纸求他写对联，视他为神童。

李玉奇小学毕业后，因家境窘迫几欲辍学。幸有外祖父慨然相助曰："君子忧道不忧贫，孩子读书是家庭的大事，不可荒废。外孙读书之一切费用，包括零花钱，全由我承担。"于是，李玉奇怀着感激之情发奋读书，以优秀的成绩念完了中学，展示了自己的才华。外祖父刘盛园，继承祖传医术，是当地有名的中医骨科医生，也是有名的富户书香之家。受外祖父影响，李玉奇从小便羡慕为人治病的医生，立志做一个像外祖父那样受人尊敬的人。

中学毕业后，李玉奇一心想去学医。父母亲见儿子志趣坚定，聪颖好学，禀性又温良笃实，于是便答应了儿子的要求，同意他步入杏林。母亲对他说：“古人讲，不为良相必当良医，可见一个好的大夫堪比无爵的公卿。君子贫不能以物济人者，遇人痴迷处说一句提醒的话；遇人急难时出一个解救的法儿，都是顶天立地的大丈夫行径。你今日为自己选定了行当，须当尽心竭力在道德医技和学问上狠下工夫，莫忘‘恒心、志气’四个字。你既要学医就要当个好医生。”李玉奇谨记父母的教诲和希望开始了新的生活。

李玉奇学徒的地方是“人和堂”药店。掌柜明星垣是一位时方派名医。早年间拜师的仪式是很讲究的。李玉奇回忆说：“那天，师傅端坐在太师椅上。我母亲首先上前行过妇人之礼。起身后，命我下跪向师傅叩头，听师傅训诫。然后由大师兄带我去拜见师母，行了九十度的三鞠躬礼。于是我便成了师傅的第三个徒弟。”

学徒生活开始了。李玉奇除了跟着师兄弟们做日常的医务、药务和生活杂务之外，师傅要求他先熟读医药“四小经典”，即《汤头歌》、《四百味》、《濒湖脉学》、《医学三字经》。因为师傅最擅长的是内科和妇科，所以又指导他读《医宗金鉴》中的《杂病心法要诀》和《妇科心法要诀》。李玉奇是个聪明、志坚而又勤快的人。他在一篇回忆录中写道：“我决心一定要学好中医，不仅要步师傅的后尘，还要青出于蓝而胜于蓝。我要求自己，早晨5点必须起床读书，晚上学习必须到11点才能睡觉。每遇不懂的地方就记在本子上，找时间一一向师傅请教。夏天，天亮得早，我就去附近龙首山的高塔下放声朗读。就这样一直坚持了七个春秋。”

那时候，师傅教徒弟主要是临床教习，口耳相授。白天随师傅应诊。看师傅把脉，听师傅问诊说病，代师傅写病历、抄处方。这是在临床实践中学习。明星垣师傅也很重视医学理论的教学，每星期的一、三、五、六晚上都要给徒弟们讲课，或分析病例，或提问口试。师傅告诉徒弟，不论什么学派都必须读《黄帝内经》，特别是《素问》部分；都必须读《伤寒杂病论》。此外还要浏览金元四大家的著作。这才叫做中医，这才能做中医。师傅常说，想当医生必须博览群书，多多益善，不可拘守一家之言。一个好医生还必须要形成自己的特色和个人的风格。

一天，来了位40多岁的女性病人，自称平素很健康，近日突然感到一会儿热，一会儿凉，还时有头晕口苦之感。师傅把脉后，判为少阳证。当以小柴胡汤加减治之。于是命徒弟们各自处方。师兄师弟二人立即将处方一味不差地写了出来。师傅看后摇摇头问道:“小柴胡汤方歌怎么说的啊?”师兄弟挨个儿将名医汪昂《汤头歌诀》中的几句方歌背了出来:“小柴胡汤和解功,半夏人参甘草从。更加黄芩生姜枣,少阳为病此方宗。”师傅皱着眉头没说话。轮到李玉奇背了。他将师兄弟们背过的内容重复了一遍后,继续背道:“柴胡八两少阳平,枣十二枚夏半升。三两姜参芩与草,去渣重煎有奇能。”这首方歌是清朝经方派名医陈修园所撰,载于《长沙方歌括》,《汤头歌诀》中并未载。这四句不但记有药味,并且将药量和煎煮方法也清楚地编了进去。明星垣师傅听后十分震惊。继而叹道:“学医者就是要在人略我详处见功夫。玉奇能够自己留心于古人,不甘平庸,你们要向他学习啊!”接着师傅为徒弟们讲解这个病案:“柴胡可以用到八两,因为要取其发散解表之功。但又虑其辛散太过有伤阴之弊,故以人参佐之。小柴胡汤制方之妙在于暗合阴阳消长往来之道。有柴胡之升，有半夏之降；有黄芩之泻里，有甘草之安中……要知犯何逆，随证治之，量体裁衣，斟酌药量。”师傅的这种临床带教方法，不但使李玉奇受益于学艺之年，而且也指导了他一生的行医和教学工作。

李玉奇的师弟是当地丁乙青举人的外孙。在学徒期间，李玉奇常随师弟去丁家玩耍。李玉奇的聪明俊逸，谦恭礼让博得了丁举人的欢心，于是收李玉奇为儒门弟子。丁家是当地诗书传家的豪门，藏书极多。从此，李玉奇不但得到了阅读经、史、子、集的机会，而且丁举人还亲自为他讲解了《素问》和《难经》。举人丁乙青是李玉奇的第二位师傅，是医师，也是儒师。

师傅明星垣秉性豪爽，热情好客，是一位没有门户之见的学者。他的诊所有如王羲之笔下的“兰亭”，是个“群贤毕至，少长咸集”的地方。李玉奇第三次拜师，拜的是诊所的常客、师傅的好友，伤寒派大家——儒医姜弼臣。在师傅的举荐下，姜弼臣欣然收李玉奇为徒，并亲自为李玉奇讲解《伤寒论》。其时，银州城有一位大书法家叫陈秉初，此人也是明星垣的朋友，药店的座上常客。陈秉初说话之乎者也，含蓄高深，有时让人听不懂。李玉奇对老先生所讲的每一句话都认真听，努力记。但是听得越多就越不懂，可越不懂就越想听。在陈秉初的影响下，李玉奇又默默地拿起了搁置已久的毛笔，练起了书法。一天，李玉奇把自己临摹的字请陈秉初审视。老先生见字，便兴致勃勃地讲起了书法之道。他说："临帖首先要追求一个'像'字，由一笔一画到间架结构，从形体到神韵，都要追求这个'像'字。临帖时不要耍小聪明，搞什么新花样。先要继承，再求发展。犹如你学医，不继承《内经》、《伤寒》之学，如何当得名医。等功夫纯熟了，你的字就自然有了自己的风骨。处方之字是医生的门面，不可小觑。一个好医生，应该有一手好字哇。”这番充满哲理的话，不仅让李玉奇深深领悟到了继承和创新的关系，而且激发了一个青年人执笔写字的情趣。

青年李玉奇谦逊好学，广拜名师。银州城的名医、文豪、书法家，几乎都成了他的老师。李玉奇遵从师傅们关于“博览群书”、“学富五车”的教导，几乎把学医之外的空余时间都用来读书。他回忆说，在药店系统地读过《太平圣惠方》、《圣济总录》、《普济方》、《备急千金要方》、《诸病源候论》、《本草纲目》、《济阴纲目》等医学专著。在文学方面，举人丁乙青亲自指导他阅读《诗经》、《庄子》、《说文解字》和《资治通鉴》。还读过汤显祖的《牡丹亭》，孔尚任的《桃花扇》，以及纪晓岚的《阅微草堂笔记》。

银州离长白山大约三十几里。山上丛林茂密，盛产药材。每年端午节过后，师傅都要率领众学子，坐着马车进山采几次药。为了防身，进山前，师傅令每人折柳枝代杖，以防蛇兽之害。大家在林中东找西寻，每得到一种药材便惊喜相呼，收入囊中。诸如茵陈、人参、五味子等等，每次都能采集二三十种，上千斤。有时候还能采到灵芝草呢。李玉奇在回忆当年采药的情形时说，长白山是个药材的天然种植园，是中药学的大课堂。听师傅举着鲜活的药草讲授药材知识，那简直就是一种享受。即便你不是医生，听了师傅的讲授也会爱上医生这一行的。

李玉奇的学徒生活是丰富多彩的。在师傅们身上，他不仅学到了医药学的真谛，而且还学到了文史哲知识和书法技艺，习得了中国文人的儒雅风度。师傅明星垣不但有识才的慧眼，更有育才的良策。李玉奇学徒刚满三年，师傅便有意安排他在自己开办的“医士讲习会”担任学术秘书。继而又让李玉奇担任温病学助教，执笔写温病学讲义，上讲坛授课。学徒到第五个年头，师傅便让他代为看复诊了。不仅如此，在书法家陈秉初先生的指导下，李玉奇的书法技艺也大有长进。学徒尚未期满，银州城的许多店铺都已经挂起李玉奇的墨宝了。

几十年之后，李玉奇说："在七载学徒过程中，我知道了怎样去做人，更懂得了学问是用苦功夫换来的，而不是想象出来的。学中医很难，因为没有真正学问是学不好中医的。名医之名，当因明而名，不应靠自鸣而名。"

26 岁时李玉奇出师了。在离开"人和堂"之际，师傅把他叫到面前，严肃地说：玉奇呀，你要独立了，师傅有三句话赠你，希望你一生铭记：

第一，恪守医德。人需有才，更当有德，德为才之帅也。

第二，医乃仁术，不能在患者身上巧取渔利。

第三，在同行中，不能互相攻击，要善取

他人之长。爱人者，人恒爱之；敬人者，人恒敬之啊。

从此，李玉奇带着师傅的教诲和希望开始了他漫长的行医生涯。

事业的开拓者　人民的好医生

1944 年，27 岁的李玉奇考取了中医师资格证书，在银州城的“天和堂”踌躇满志地开始了他的行医生涯。李玉奇是一位侠肝义胆、情义并重的人。他秉承师傅高超的医德医术，以病人为亲友，视疾病如寇仇。他待人亲和，断病准确，用药谨慎。他遵从师傅训教，“绝不在患者身上巧取渔利”。所以不到 30 岁的李玉奇已经是闻名遐迩的东北名医了。

1948 年，李玉奇被吉林省辽源市中西医联合会推选为会长，同行们承认了他的领导才能。这一年李玉奇 31 岁。

1949 年，中华人民共和国成立，李玉奇的事业进入了一个全新的蓬勃发展时期。他不但被群众称作“为人民服务的好医生”，而且还多次被医药卫生部门授予“文明工作者”和“医德高尚的医务工作者”称号，并荣任了辽源市市立医院院长。

1951年，李玉奇被调往辽宁省卫生厅工作，继而升任辽宁省卫生厅中医处第一任处长。在20世纪50年代的艰苦岁月里，为了组建市县各级卫生医疗机构，李玉奇率领工作组走遍了辽宁城乡，调查各地的医疗卫生情况，挖掘医生、药师，健全了各级医疗机构。李玉奇还是辽宁中医学院的主要创始人。在辽宁中医学院初创时期，他一方面为学院的建筑工程、机构建制呕心沥血、出谋划策，一方面为学院广招人才。为了请各地名医来学院执教、坐诊，李玉奇不知写了多少封邀请函，也不知走过多少泥泞的路。他一个一个请，一位一位拜。在李玉奇的感召下，许多位名震东北的名医耆宿终于放弃了个人的行医生涯，来到辽宁中医学院，穿起了白大褂，开始了全新的医疗、教学和中医学的研究工作。

李玉奇还亲手创办了辽宁省中医进修学校和辽宁省中医院。当辽宁省中医院正式挂牌那天，百姓敲锣打鼓，鸣鞭放炮，欢呼雀跃。为了更广泛地吸纳民间力量，扩大学院的教学范围，更全面地开展中医药学的研究工作，李玉奇和他的同事们礼贤下士，遍访山乡名人，宣传中医政策，鼓励民间郎中为国家献宝。在他们的努力下，全省掀起了献药方、献医术、献计献策的热潮。在这一热潮中，中医学院搜集到了大量的民间验方和祖传秘方。素有“东北疮王”之称的民间医生王老大夫便将家族传承了好几代的秘方“水调散”和“油润膏”献了出来。时至今日，该秘方仍是辽宁中医药大学疮疡科的镇院之宝。

1966 年，正在医院建设方兴未艾之际，“十年动乱”开始了。怀着满腔热忱正一心想要为振兴辽宁中医事业大干一场的李玉奇，被下放到深山野岭。李玉奇虽身处困境，仍保持一个医生的襟怀和骨气，坚守对党的信仰和医生的信念，不停地奉献于他热爱的、崇高的中医事业。

1971年，组织上为李玉奇平反，并重新安排工作。省委领导提议由省卫生厅派他到刚成立的省肿瘤医院任职。不久，省卫生厅又调他到辽宁省中医院工作，临危受命的李玉奇立即走上岗位，挑起医院各项工作恢复整顿的重担。

李玉奇遇到了令人意想不到的困难。当时的辽宁省中医院元气大伤。每到夜幕降临时，单身职工便把候诊室的凳子拼在一起，用布帘遮上，睡在凳子上过夜。在家访时，李玉奇看到 $8m^2$ 的屋子里住着老少五口人，到晚上睡觉时，有的将布袋悬在空中作为床铺。这些中医院建院的元勋们生活在像“马戏表演”的困难中，让李玉奇心酸不已，也使他下决心要在短时间内盖 8300m^{2}职工宿舍大楼！要盖大楼，手头没有资金，全靠他八方求助。为了大楼早日建成，他早晚守候在主管领导家门前，不敢进屋，害怕打扰了人家。便等领导上下班时，上前拦住，提出请求。精诚所至，金石为开，李玉奇的行动终于感动了政府主管部门，最终拨出巨款帮助中医院建设！当时曾留下一句风趣的话："我们就怕老李，他一来就开单子要钱。"

为了应酬场面，李玉奇甚至拿光了家中仅有的烟酒茶叶，老伴儿抱怨他："就这点儿家底，都被你拿空了。"司机老蒋曾亲眼看到一幕幕感人的场景，多次被感动得热泪盈眶。

接下来又开始抓人才队伍建设。用李玉奇的话说："首先开'殿试'考场，看看有多少'秀才'、'进士'，看有没有'南郭先生'，进行彻底摸底，整合队伍由'杂牌军'变成'正规军'。"进行彻底的规章制度改革，建立新制度，购置大型设备。同时登门拜访"十年动乱"中被迫害、遣返回家的老中医，恳请他们回院工作。

在此后的职称评审中，李玉奇针对中医师，尤其是名老中医特殊的历史条件及自身特点，提出成立专门的中医职称评审小组，给“草头神”立牌位，设名分。针对许多老中医善于实战，疏于理论，“茶壶里煮饺子倒不出来”的情况，他制订了在评审上既不能滥放宽尺度，也要考虑到上述特点，以保护人才；“可上也可下”者，一律采取“上而不下”的原则。对于在“考场”上大汗淋漓、惊慌失措者，予以提示枝节，让其过关。当然，遇有“南郭先生”毫不留情地清出考场之外。今日，辽宁省中医中老年名医高级职称者如此众多，多赖李玉奇之功。

李玉奇几十年来热爱中医事业，不畏难，不辞劳，抛个人得失于身后，一心为事业而贡献。辽宁省中医事业的方方面面他都给予过无微不至的关怀。即使在“十年动乱”的特殊时期，李玉奇对中医事业的热爱也并没有被击垮冲淡，为辽宁省中医的复兴费尽心血，为中医发展呕心沥血，奔走忙碌。他对出现的反中医逆流，挺身而出，公开发表署名文章予以批判；在全国中医工作衡阳会议上，他力主恪守中医本色，为大会起草文件；“非典”期间，他上书中央献出“抗非”秘方。在对待中医学术上，李玉奇既反对妄自菲薄的民族虚无主义，也不赞同固步自封和墨守成规。他大声疾呼继承和发扬两者不可偏废，要大胆实践、探索创新，倡导应用先进科学技术为我所用。

2003年，当传染性非典型性肺炎，即“非典”在祖国大地上肆虐的时候，李玉奇立即上书中央领导，献出了卓有成效的抗“非典”药方。在治疗和预防“非典”的那段日子里，李玉奇和他的中医团队做了大量的工作。李玉奇是国医大师，他更是一位医药卫生事业的积极工作者和忠诚的爱国者。

李玉奇一身多职。虽然样样工作都做得很出色，但是，他说："我李玉奇首先是一个医生，是给患者治病的大夫。医生和大夫是我永远的、最光荣的头衔。"

李玉奇尽管承担着许多行政领导和业务管理等方面的工作，但是从来没有离开过他的诊室和他那套漆皮多已剥落的桌椅。他认为，我们今天的医药卫生事业是保证国民健康的公益事业。医生应该行人道，施仁术，全心全意为患者服务。几十年来，病人不分贵贱贫富，无论是政府高官，还是普通百姓，无论是身边的亲朋好友，还是远道而来的渔夫农妇，李玉奇都遵从孙思邈关于"若有疾厄来求救者，不得问其贵贱贫富，皆如至亲之想"的教导，一视同仁，严肃诊治。特别是对于远道而来的农民，李玉奇更是四诊详审，恨不能一次用药就使病人康复而归。他说："农民进城看一次病不容易啊。让他们在少花钱、少跑路的前提下，把病治好是我的责任。”20 世纪 90 年代初，李玉奇发现，在前来就诊的患者中许多人都是来自湖北蒲圻（现赤壁市）的农民。所看之病绝大多数都是胃病。他们一人看病，常有一两个家人陪同。千里迢迢，北上辽宁，且不说车船劳顿之苦，单就食宿费用都令病家不堪重负。听着病人们语带哽咽的诉说，看着一张张悲苦的面容，李玉奇很不自在。心想，与其让千百病人忍受南北辗转之苦，何不自己南下，以一人之辛劳而免却千百病人之苦呢？于是，李玉奇决定南下搞一次义诊活动。征得领导同意后，时年 76 岁的李玉奇，在南下的列车上坐了两天的硬席座椅，急匆匆赶到了湖北蒲圻。

蒲圻是个多丘陵地区。老百姓听说胃病专家李玉奇大夫来给大家看病，而且还不用花挂号钱，无不喜出望外。在李玉奇到达县卫生院的那天，十里八乡的群众闻讯而来，把卫生院围得水泄不通。病人和家属们则早已扛着行李，带着干粮在卫生院门前排起了长队等候看病了。看到这种情景，李玉奇不顾旅途劳顿，立即走进诊室开始把脉看病。在那段日子里，李玉奇从早到晚每天都要看上百位病人，常常忙得顾不上喝水，顾不上吃饭。义诊的消息不胫而走，几天后，连汉口和长沙的患者都纷至沓来求医了。在蒲圻的一个多月里，李玉奇接待病人数千人次，不仅没有收群众一分钱挂号费，而且还谢绝了当地医院给的3000元酬金。李玉奇只接受了一点儿病人们自己家种的菱角和莲藕。

在义诊期间，李玉奇目睹了当地农民的辛苦生活和疾病带来的物质重负及精神压力，心想，自己一人再忙，义诊的时间再长，也有离去的一天，患者以后还是免不了要辗转北上。俗话说："授人以鱼不如授人以渔。"于是，李玉奇与当地领导商量，利用晚上时间开办了一个短期医务培训班。在那段日子里，李玉奇白天把脉看病，晚上为来自县乡卫生院、所的同行们讲授胃病的成因、预防，以及自己在诊断方法和处方用药方面的经验。尤其是在药物配伍方面如何使用便宜之药治疗疑难病的经验。几十年来，李玉奇经常主动到贫困地区开展义诊活动。湖北蒲圻义诊是时间最长的一次。

李玉奇来自平民，他了解普通百姓的生活状况，不愿看到疾病给家庭带来的痛苦和灾难。几十年来，他一直在探讨用便宜的药物组方，治疗疑难病的途径和经验。他说，这样做不但可以减轻病家的负担，而且还可以为国家节约资源、节省开支。20 世纪 80 年代，有一对年轻夫妇带着高烧不退的女儿来沈阳看病。父亲背着女儿跑了好几家大医院，又是化验，又是吃药，又是打针输液，钱没少花，罪没少受，可是高烧却不退。最后经病友介绍找到了李玉奇。李玉奇一边听家长介绍看病经过和用药情况，一边把脉看舌，然后说：“不要紧张，我给你开个方子，花不了几块钱，三天后就会退烧的。”孩子的父母捧着只有五味药的处方，带着将信将疑的目光走了。四天后，那对年轻夫妇带着活蹦乱跳的女儿又来到了诊室，让女儿恭恭敬敬地给李爷爷鞠了三个躬。孩子的妈妈含着泪水说：“谢谢李大夫。三副药我们才花了不到 20 块钱，您真是俺们穷人的好医生啊。”并随手把一个小红包放在了病案上。李玉奇严肃而又小心地将红包装进了孩子的衣袋。

几十年来，李玉奇不仅没有接受过患者的一份馈赠，遇到穷苦病人还常常为他们出钱买药。李玉奇常说，自己是国家的医生，把脉看病不只是个人行为，而首先应该对国家负责，为中医和医院的名声负责。中医是我们的国宝，患者是我们的同胞，执利器而斩病魔是医生的职责。李玉奇是享誉海内外的著名老中医，被群众誉为“北国杏林泰斗，辽宁中医柱石”。慕名求诊的患者来自四面八方，常常要提前好几天来排队，才能挂上一个号。有家属排队的，有花钱雇人排队的，有些倒号的黄牛党，可以把一个“号”卖到上千元。有的票贩子甚至找上门来，求李玉奇与他们合伙卖“号”，分成赚钱。刚正不阿的李玉奇一次次地把票贩子们轰了出去。《辽宁日报》曾在头版头条以《清贫守志，造福人间》为题，对李玉奇的这种高风亮节做了长篇报道。

对工作认真负责，大胆开拓，对病人满腔热情，全心全意地治病救人，清贫守志，大公无私，这就是李玉奇。

搞科研中西结合
克胃炎以痈论治

李玉奇出身于中医世家，对中医的“理、法、方、药”诸方面都有很深的造诣。他认为，中医学是人类历史进步的产物，是千百年来我国医药科学发展的结晶。但是，在科学技术，尤其是医学理论及其技术飞速发展的今天，我们的中医切不可墨守成规，必须与时俱进，必须用现代医学科学技术加强对中医学的研究。李玉奇认为，中国是中医和西医双轨并行的国家。中医、西医携手并行是中国医药卫生事业的一大特色。它们存在和发展的目的只有一个，就是与疾病抗争，为人类的健康服务。尺有所短，寸有所长，中西医应该互取对方之长，发展自己。

李玉奇常说，科学，包括中西医学，它们本无国界，更不分东西。它们是人类共同的财富。中西医学理应互相融通，共同造福于人类。互相排斥绝不是科学态度。中医应该吸纳现代医学成果，将西医的科学理论、科学方法、科学技术拿过来为我所用。须知以现代科学来研究和发展自己是至理，也是正道。而西医呢，倘若能研究，并掌握一点中医的医理药学，做一个术兼中西的大夫，难道不是乐事吗？两条腿走路总比单腿蹦来得快，走得稳。张开双翼是能够高翔的。这就是李玉奇的中西医学观。

在这一思想的指导下，李玉奇先后主持了国家“六五”、“七五”、“八五”等多项中医攻关课题的研究。李玉奇功擅内科，尤精胃疾。从20世纪60年代起，他便运用现代医学科学技术开始对脾胃系统疾病，特别是慢性萎缩性胃炎进行潜心研究。那时候，中医治疗胃炎的思路大体上有两种：一种是按中医传统的“胃脘痛”辨证施治，分为寒热虚实和气滞血瘀等等；另一种是跟着西医的思路，用制酸、保护胃黏膜、止痛、解郁和调节免疫的中药治疗。李玉奇领导的胃炎科研组，根据多年来对数千例胃炎患者的临床研究及其在自己身上的治疗体验，于20世纪80年代，率先提出了“慢性胃炎应该以痈论治”的理论。这一理论打破了历代医家多以“胃脘痛”和“胃痞”辨证施治的模式，在医学界引起了极大的反响。“胃里怎么能长痈?”就连李玉奇的徒弟们也大惑不解。一时间质疑之声不断，且多视李玉奇的新说为异端。

李玉奇面对质疑之声，不但没有动摇，相反倒进一步激发了研究的动力。他认为，“痈”是一个广义的疾病概念，是中医对感染和热毒引起的炎症和化脓性疾病的总称。从现代医学的观点看，中医认为的大多数“痈”证都同细菌和微生物感染有关。李玉奇认为，“痈”既然可以生长在体表，自然也可以生长在体内。就像擦窗户玻璃，我们不能只知擦外面而不去擦里面，里外两面是都可以有积垢的，何况早在《黄帝内经》中就有对肠痈等内脏之痈的描述。

李玉奇认为，胃炎，尤其是萎缩性胃炎是以胃黏膜腺体减少或缺失为主要病理表现的一种黏膜炎症。究其病机，中医认为，乃是胃失于气血精津滋荣所致。一是气血精津为邪热所耗，二是气血精津生化乏源。精血津液源于脾胃。脾胃虚弱，功能不足，生化无权，气血精津自然亏虚。他认为，产生萎缩性胃炎之邪热亏虚的缘由很多。诸如情志不遂，肝郁化热，嗜酒喜辛，贪凉饮冷，饥饱失宜，劳倦太过，久思不解等等，均可伤及脾胃而致病。

李玉奇说，“以痈论治”之中医理论的核心是用清热解毒的方法治疗胃炎。虽然从表面看来这一理论与清热解毒之药能“苦寒害胃”的传统观点似相矛盾，但是从多年的治病实际和临床实验的结果看，用清热解毒药物治疗胃炎其效果很显著。

在治疗胃炎和胃溃疡时，李玉奇经常用大量的苦参、黄连、黄芩和蒲公英等清热解毒药。患者不但很少有纳呆、脘痞等现象，而且几乎都取得了奇特的疗效。近年来的大量实验证明，清热解毒的这些中药确实都不同程度地具有抗菌作用。

李玉奇不但对萎缩性胃炎的病因及其治疗进行了研究，而且还对病势演变过程和治则分为了三期：初期治以平肝和胃理脾；中期治以益胃养阴，消痈散结；中晚期治以消痈化瘀，去腐生新。李玉奇采用清热解毒、去腐消痈之法治愈了上千例该病患者。这里的清热解毒即已包涵了现代医学的抗菌消炎之意。此二者正所谓法异而方同，殊途而同归。由此看来，中医的思想理论也完全可以领先于现代科技。这是一种唯物的、辩证的、符合自然规律的科学性思维。以科学的思维理念做指导，勤于研究和探索，我们古老的中医，在新时代也完全可以有新的发展和创新。

2005年10月10日，《中国中医药报》在第一版刊登了美国中医药专业学会会长李永明博士的文章，题目是《诺贝尔医学奖与中医治疗胃炎》。文章在介绍了澳大利亚医学科学家临床医生巴里·马歇尔和病理医生罗宾·沃伦二人因1982年发现了导致胃炎和胃溃疡的幽门螺杆菌而获得2005年诺贝尔医学奖的情况后，写道："其实，中国著名中医胃病专家——辽宁中医学院附属医院李玉奇主任医师，早在上世纪70年代末就独立地提出了非常类似的中医治疗胃炎的学说。我当时是辽宁中医学院七七级学生，毕业后在李玉奇教授领导的胃炎科研组工作。研制过'李玉奇治疗胃病的电子计算机专家系统’。后来又考取了他的第一个研究生，对当时李老研究中医治疗胃病的情景记忆犹新……李玉奇根据多年治疗胃病的临床实践和在自己身上的治疗结果，在中医界独树一帜地提出‘慢性胃炎应该以痈论治’。记得1980年李老给中医系大学生做学术报告时，就明确地讲述了这一观点。”

李永明在文章中指出：“有趣的是，在李玉奇教授研究并提出以痈论治的中医理论和用清热解毒中药治疗胃炎的同时，澳大利亚医学科学家提出了幽门螺杆菌是胃炎的病因。可以说这是东西方的不谋而合。李玉奇教授治疗胃炎的方法在当时明显地优于西医的常规疗法。李玉奇的成功为许许多多胃病患者解除了痛苦，推动了中医药治疗胃炎的发展，无疑是中医科学研究的一个重大发现……还应该强调的是，李玉奇教授虽然是传统中医出身，但他十分重视西医。他力主用现代科学方法研究和发展中医。他当时领导的胃炎科研组里就包括了医院的胃肠科、病理科、检验科、放射科等专科技术和最好的西医大夫。所有的患者在治疗前后都要接受胃镜等一系列客观检查。临床研究则必须按照规定程序，最后结果必须经过中西医专家严格鉴定……”

文章最后写道：“我真正认识到以痈论治的价值是在 1987 年到美国留学以后。当我看到美国学术界对幽门螺旋杆菌和胃炎及溃疡的讨论时，忽然意识到，这不正是我的导师李玉奇教授提出的中医治疗胃炎的机理吗？现在看来，当时李老提出的‘理、法、方、药’和明显的临床疗效都清楚地指向了细菌感染可能是胃炎的真正病因。回想起来，当时还是对中医药的疗效有些信心不足，只想用西医的各种检查方法为中医疗效寻找客观证据，可却不晓得当时西医也不知道胃炎的真正病因。今天，当我们为澳大利亚同行获得诺贝尔奖而高兴的时候，也应该对李玉奇教授的科研成果表示祝贺。李玉奇教授的研究成就使我们有理由相信，我们中医的科学研究一定会取得新的突破，并为临床治疗作出重大贡献。在未来时代，获取诺贝尔奖也许并不完全是天方夜谭。”

李玉奇的这项研究取得了临床总有效率高达93％的突破性成果。李玉奇对胃炎，尤其是对萎缩性胃炎的研究动摇了萎缩性胃炎不可逆转的说法，为中西医学界所瞩目。

李玉奇在他所著的《萎缩性胃炎以痈论治辨证备要》一书中说：以痈论治是他治疗萎缩性胃炎学术思想的体现。治本从病而治，治标从证而治。治本扶正补脾，祛腐生新；治标知犯何逆，随证治之。在治疗的全过程中，除了凭借四诊来确立治则外，尚需在胃内窥镜、病理活检和X线监视下进行。遇有重病须监护治疗时，则3个月进行一次复查，并建立病历档案严密记录。倘若在治疗期间发现癌变，则立即转为手术治疗。术后为了防止复发，还进行了为期3年的抗复发治疗。

李玉奇指出，胃痈之为病，其表现是病人形体消瘦，面色灰垢无华，唇干板齿燥，脉来弦实有力。舌质绛而无苔，舌面少有津液覆被。精神萎靡不振，倦怠无力，食少纳呆，胃脘隐隐作痛，时有胀闷感，轻微欲呕，口干咽干，欲饮但不欲咽下。大便偏秘结，体重剧减。治以扶正固本，理脾益胃，救阴和血，祛腐生新。药以胃醒饮治之。其处方为：黄芪20g，白术15g，茯苓20g，薏苡仁20g，白蔹15g，文蛤15g，羊角屑15g，蚕砂15g，丹参20g，三棱15g，莪术15g，党参40g。水煎服。

若症见痞满中焦，经云：太阴所致为痞中满。通常辨证认为，虚痞不食大便利，实痞能食大便闭。宜以温脾益气法治之。处方：桂枝5g，黄连15g，豆蔻10g，榧子10g，使君子10g，五灵脂15g，生蒲黄15g，香橼15g。水煎服。若湿热太盛，土来心下为痞者，可酌加苍术 15g，大黄 10g。若因误下邪气乘虚为痞者，可酌加党参 20g，升麻 10g。若阴火上炎而痞闷者，可酌加牵牛子 10g。若肝气不舒犯胃为痞者，可酌加柴胡 40g，川楝子 15g。若内伤劳役，清气下陷，浊气上犯为痞者，可酌加升麻 10g，白芍 20g。若悲伤多郁，痰夹血瘀为痞者，可酌加桃仁 15g，麦芽 20g，竹茹 10g。

李玉奇断病之细微，用药之精准若此，诚不易也。

李玉奇在《萎缩性胃炎以痈论治辨证备要》的结束语中写道：“回顾 50 年来，在治疗胃疾中也曾从胃脘痛论治。当时借鉴于平胃散、五积散、附子理中丸、乌药顺气汤、八宝瑞生丹、越鞠丸、四七汤、温脾汤、木香顺气丸、左金丸化裁与实践之中，结果对胃脘属气属寒等胃脘运化改变，当然取之奏效。但对胃腑实质性病变，则收效甚微。当时总是凭借四诊来辨虚实寒热。自从20世纪80年代初正式成立萎缩性胃炎研究组，将胃内窥镜、病理、生化实验、放射线、电脑、电子显微镜等先进检查技术，配套应用于临床科研中，从而使诊断及病变转化有了客观的依据。随着临床的不断实践，在先贤的理论启迪下，经过潜心研究，逐渐形成了对萎缩性胃炎以痈论治的学术思想。用以痈论治的理论去对萎缩性胃炎进行治疗与研究，收到了初步成果。而对每个方剂的组成和药量的多少，则是经过成千上万次不断修正而得出来的，绝不是主观臆测，期间凝聚了无数的心血和汗水。由是我也在想，仲景阐发《内经》意旨，首先发明了伤寒六经辨证治疗大法，从而奠定了临床医学，称为临床医学之鼻祖。金元四家各创学说，立于医林而不凋。王清任大胆著《医林改错》，当然也有错改者，提出活血化瘀理论。近世张锡纯撰写《医学衷中参西录》等均为医界所瞩目。前辈既能创新，而后生焉能固步自封？学问的进步只有标新立异，才能前进，才能发展。我之所以命笔将毕生在治疗胃病中的点滴经验毫无保留地写出来，目的是为了中医今后的发展，也可算作我百年之后对中医学的一点贡献吧。”

处方配伍如用兵
对药却病有神通

李玉奇认为，良医不但要会看病，还必须熟知药理，深究药性，握其真谛。如此临床治病，才能药选精准之味，组成至妙之方，收获奇异之效。用药宛若排兵布阵，攻城略地。欲收攻无不克、战无不胜之绩，必深明将士兵卒之才能，方可用之得当。同气同功者如兄弟上阵相助为用；异气同功者似夫妻联袂相反相成。摧之可进、呼之即回，破城陷敌在握之中。庸医则不深究药性，或者对药性只知其一，不知其余；或苛遵古训，或拘泥成方。如此则势必因古今异轨，运气不济，而致药未能祛邪，方未达病所，故而难以取效。所以良医必深究药性、把握功效、明了主治，并熟谙配伍规则，方能使药物用来得心应手。医生识药天经地义，药性配伍存乎一心。医道之妙，贵在用药。

譬如桃仁、莪术，其作用一是活血祛瘀，治疗癥瘕积聚。二是行气止痛，治疗食积气滞，脘腹胀痛。然而桃仁、莪术之治疗食积脘腹胀痛之功能，罕为医家选用。但是李玉奇却惯用它们治疗脘腹胀痛，为治疗萎缩性胃炎症见瘀血的首选之药。

李玉奇认为，药之寒热乃据病之寒热而选用。同一方中，寒药与热药并用，有时令人费解。殊不知寒热之气虽异，共处一方，异气同行，旨在寒热并治，阴阳双调，协同奏效。临证之中，多数病例寒热错杂相兼，只是程度不同而已，或热多寒少，或热少寒多，或寒热相当。故治病之方，寒热并用可收阴阳双调之效，双向调节之功。李玉奇认为，治顽疾，收显效，非只烈性大毒之品可为，药性平和、无毒之味亦能收功。此所谓大道至简也。临证若能斟酌相伍为用，其效立彰。

顽疾恶症，邪之气盛，病位潜深，病势险危。一般认为，平和无毒之品，药力浅薄，难达病所，难胜邪气，故病难愈。殊不知凡病此顽症恶疾之人，正气已虚或已虚甚，实禁不住大毒性烈之药，即使方中加入参芪龟胶河车之类峻补之品，也达不到扶正兼祛邪的真正目的。因为已虚之气、已亏之血再受烈药所伤，机体无力斡旋药物祛邪。所以治疗痼疾大证必缓图其功。当投以药性平和无毒之味，缓消邪势，暗扶其正。因此，李玉奇临床一贯慎用大毒性烈之药。《素问》云："大毒治病，十去其六；常毒治病，十去其七；小毒治病，十去其八；无毒治病，十去其九。"此为用药之明鉴者也。

古今方书中，常常可见两味相近的药偶联成对出现在一个方中的现象。如苍术与黄柏、五灵脂与生蒲黄、三棱与莪术、桃仁与红花、羌活与独活、乳香与没药、当归与川芎等等，此称为药对或对药。这些药配伍成对，奥妙无穷，药效非常。李玉奇在临床中，还自组了许多药对。应用时有分有合，有时两药成对入方，有时候一味独行。是分是合，据证之异同，灵活变通应用。或相助以增效，或相制以纠偏。其自创的药对，举例如下：

良姜伍黄连：治胃寒用良姜，为防其辛热太过损伤真阴，故佐用适量黄连，形成良姜黄连为对。良姜祛寒，黄连坚阴，阴存养胃，寒去阳复，胃病自然得解。李玉奇临证，凡胃寒之治，必用此二药为对入方。

淫羊藿伍苦参：心阳虚怯，脉来或结或代，壮心阳时，李玉奇选淫羊藿，取补肾阳以壮心阳之意。再用苦参清心除热，制约淫羊藿，防其辛温太过。现代研究证实，苦参、淫羊藿有抗心律失常之功。可见李玉奇自创苦参淫羊藿为对，治疗结代之心律失常之病，不但谨遵中医药性之理，又符合现代医学研究之实际，可谓至佳之配伍。

红蔻伍白蔻：红蔻、白蔻联手成对入方，治疗胃腑疾患，共奏温胃散寒消胀之效。善治胃中酸盛，对吞酸反胃有良好效果。既有乌贼骨、煅瓦楞的抗酸之力，又无乌贼骨、煅瓦楞之助热伤阴之弊。并且乌贼骨、煅瓦楞功效较窄，以治酸为主。而红蔻、白蔻二药则功能较多，各种功效皆有益于祛除胃疾。

脾胃虚寒气滞中焦，脘胀腹满乃常见之证。组方用药同选红蔻、白蔻可使疗效大增。白蔻长于暖胃行滞消痞，降浊除湿；红蔻温中散寒，与白蔻合用共奏暖胃之功。特别是红蔻内服，能祛肠胃之风，二药合用消滞除胀之力互资，祛寒除湿之力相助，疗效因而必佳。

丹参伍淡豆豉：丹参、豆豉组成对药，合并入方，治疗胃腑疾病。其中之奥妙，非一言能尽。胃病种种见症迥异。但是，腐化水谷饮食之力减退，为胃腑疾病所共有之。豆豉是大豆的发酵品，配以补血活血之丹参，则腐化水谷饮食之作用胜过麦芽数倍。借助丹参补血活血，则化瘀止痛之力又胜于焦三仙数倍。两药相合，治疗胃疾，实是一对妙联。

黄连伍马齿苋：黄连与马齿苋两药相配是治疗胆汁反流性胃炎的良药。黄连清热燥湿、泻火解毒，善治痈肿疮疡。马齿苋解毒凉血，亦为疮疡肿毒常用之药。胃炎总属内生疮疡，本不易治。胆汁反流性胃炎更是胃炎中症状较重者。病家常感胃脘灼热而痛，疼痛较剧难以忍受，舌赤少苔多属热证。黄连、马齿苋两药均为寒性，清热力强，解毒效佳。二药联合入方，既清胃中热邪，又解胃疮之毒，故药后病家症状多迅速缓解，胃疮亦自然渐渐向愈。现代研究证实，胆汁为碱性液体，马齿苋为酸性之药，酸碱中和大减胆汁伤胃之力。李玉奇还观察得出，一钱马齿苋等于五钱乌梅之功效。黄连、马齿苋实为治疗胆汁反流性胃炎之要药。

百合伍蚕砂：李玉奇治疗胃腑之病，常以百合、蚕砂相伍，同入方中。凡病人自诉胃脘似痛非痛，似胀非胀，似饥非饥莫名所苦时，选药组方必有百合与蚕砂。这样配伍的用意是为了借百合清心除烦安神之力，助蚕砂和胃化浊之功。在方中其他药物的协力下，共解患者胃脘似痛非痛、似胀非胀、似饥非饥之苦。

李玉奇认为，顽疾重症之治，必须精心临证，仔细揣摩，详析用药治病之变化，反复总结临床医疗之经验。即使是点滴体会，若不是潜心探究也实难获得。尤其是现今一些古医家方书未曾记载的病症，更无治法和方药可以借鉴。如风湿性心脏病所致的心悸、气短，口唇青紫，下肢浮肿，常以防己、黄芪、夜交藤为主药组方。按首选药物为君，酌情组合其他针对病因病机之药成方，屡获预期疗效。在临床中只有细心揆度脉证，明察秋毫之变，探明玄妙，细品处方，巧用对药，不断总结经验，才会有所进步。李玉奇和他的弟子们特别将临床中总结出来的这些经验，编成新《药性赋》，试举几例如下：

胃炎黏膜出血当首选地榆槐花，
食道疾患噎嗝宜先取三棱莪术。

五克马齿苋添胃酸能顶半两乌梅果，
一味苦参根治瘿瘤近于五海消瘿丸。

疗腰痛莫忘行气，
医肢疼须思活血。

要治脱发须先清阳明胃腑之热，
欲医消渴当先治口渴而后治饿。

胃痛寒热错杂必资良姜黄连，
胃腑莫名所苦须添百合蚕砂。

三棱莪术威灵仙食道憩室圣药，
防己黄芪夜交藤风湿心病良方。

把脉识病变　观舌知隐患

李玉奇深谙中医之道。他从脉来三部九候、举按推寻之中，即能以脉测证，再参以观舌识病，便可以预知体内是否存在恶变隐患，以四诊合参诊断远期癌症和各种胃疾，其与胃镜符合率达96％以上。李玉奇的这种舌脉合参、观舌识病的医术曾被《沈阳日报》称为盛京一绝。他将癌症或癌前病变特有之脉象总结、升华，被弟子们称之为“李氏排斥脉象学说”。

所谓李氏排斥脉象，即当外邪侵犯或体内存在异常病变时，机体正气与病邪相争。如正气充实，抗邪游刃有余，脉象必趋于和缓；如正气已虚，正不胜邪，力小任重，竭力挣扎，脉来多洪大、弦实，出现格拒之象，这种脉象即排斥脉象。如温热病后期，正邪交争出现战汗，正胜邪退，则汗后身凉脉静；正不敌邪，则虽汗泄之后身热脉躁亦不得解。

萎缩性胃炎病程可长达十数年，久病当虚，人们想象中认为脉象理应沉、细、缓、弱，然而临床实际脉来却多见洪大、弦实等象，这不能理解为脉来有神，患者元气未伤，或元气来复。相反，出现此种脉象，多提示体内存在异常病变，或病情正在加速进展。临床若见此脉象应引起高度重视，需进一步详查，明确诊断。此时患者舌象常表现为无神、无根。

何为舌象无神、无根？正常舌体伸出口腔，显露出质壮而气充，娇嫩而轻柔，舌面薄苔隐隐透红，津液敷布若滴。而癌前病变及肿瘤舌象，舌体消瘦萎缩，舌质紫绛，状若猪腰切面，舌苔全无，光滑如镜。也有的舌苔厚而白腻，深层透以黄褐之色，层次不清，状如晚秋老云，或成块剥脱，界限分明，形同地图等象。这种舌象毫无生机，根、神俱无，真脏色现，是胃气衰败、胃阴干涸、病将入膏肓之象。

李玉奇舌脉合参的经验证明，萎缩性胃炎凡脉来洪大、弦数，舌体消瘦，舌质紫绛，舌苔全无或白腻，临床可见三种病象，即胃癌前期病变，早期胃癌或体内隐藏着其他肿瘤。李玉奇的经验证明，舌脉出现上述指征时，若再伴以体重急剧下降的情况，则必然是早期癌变或远期癌变。实践证明，李玉奇的诊断与西医临床检查结果大多相符。有材料记载，在两年多的时间内，李玉奇为上百位患者诊断出了早期癌前病变或恶变。

1992 年，一位姓张的医生带其父亲找李玉奇看病。患者面容憔悴，双目乏神，形体消瘦，胃脘胀满，呃逆频频，时时反酸，舌体瘦薄，舌质紫绛，舌面无苔，脉弦数有力。李玉奇明确告诉张某，高度怀疑其父体内存在异常病变，嘱其速做进一步检查。然而经胃镜、病理、X

线胸片、超声等多项检查，并未发现患者体内存在异常病变。时隔两年，患者病势加重，多方治疗不见好转，辗转再次求治于李玉奇。此时患者舌体黯然失色，形同猪腰，脉象惶惶然如循刀刃。李玉奇对张某说：“令尊之疾，恐在骨髓，司命所属，无奈何也。”张某半信半疑地再次为其父做了全身检查，结果是晚期胰头癌。痛心之余，张某赞叹李玉奇舌脉绝技，懊悔当年因为疏忽，漏掉了胰腺的检查，结果酿成大祸。

臧某，男，56岁，胃病史十余年。来诊时胃脘胀满，餐后尤甚，时有胃脘隐痛，食少纳差，伴口干口苦，大便溏结不调。舌脉合参，诊断为胃脘痈（恶变待除外）。臧某自带近期胃镜报告单，明确诊断为典型胃癌癌前病变，与李玉奇诊断相符。经李玉奇精心调治，8个月后，臧某胃镜复查，病理提示为浅表萎缩性胃炎伴灶状肠化。然而，随着疾病的向愈，患者的右脉渐趋缓和，而左脉却一直弦实有力，不见减弱。李玉奇反复揣摩脉象，建议患者到省肿瘤医院再做复查。胃镜结果：萎缩性胃炎；胃溃疡性病变；十二指肠球炎。病理结果：胃体腺癌；胃窦轻度浅表性胃炎伴中度肠化。立即手术！腹腔打开后，仅发现胃体有 0.3cm×0.4cm 如黄豆粒大小的恶变，该院医生为之惊奇，因为这是该医院自建院以来发现最早、手术最早的一例癌症患者。

张某，女，70 岁。2005 年 9 月 14 日来诊。患者时觉烧心，胃脘胀满不适，大便溏泻，日 2～3 次。脉来洪大，舌体暗淡无苔，形同镜面。院外检查，胃镜：慢性浅表性胃炎。病理：重度浅表性胃炎。肠镜：直肠赘生物。病理：直肠腺瘤型息肉伴局部上皮轻中度不典型增生。李玉奇高度怀疑其体内存在占位性病变。但患者本人坚持刚刚做过检查，不肯复查。然而，复诊三次，患者泄泻不见好转。每次复诊，李玉奇都告知舌脉表现不好，劝其尽快复查。张某的女儿并不情愿地陪母亲到肛肠医院复查。结果肠镜病理提示：中分化腺癌，浸润外膜，淋巴结未见转移癌，当即手术。事后，张某及其家人对李玉奇大夫的医术极表惊叹，并亲至医院致谢。

2007年4月26日，《健康报》主编亲自执笔以《当代扁鹊——李玉奇》为题向世人展示了李玉奇的这一高超的医术。

舌诊是中医诊病的重要手段之一。中医在望诊中，舌诊的内容非常丰富，也非常重要。尤其是在一些疾病的关键时期，舌诊是辨证论治的主要根据。《临症验舌法》一书中指出："危急疑难之顷，往往证无可参，脉无可按，而唯以舌为凭；妇女幼稚之病，往往闻之无息，问之无声，而唯有舌可验。"从古医家的这段论述可以清楚地看出，舌诊在中医四诊中的重要地位。李玉奇在60余年的临床医疗工作中，潜心研究舌象，功夫不负有心人，他终于在舌诊方面有所突破，有所创新，丰富了中医舌诊的内容，取得了观舌识病的重大成果。

李玉奇对诊舌识病的论述系统而深刻，是前人所未论、方书所未载的理论。验之临床，90％以上准确。观舌识病准确率之所以高，在于他把舌形、舌体、舌质、舌苔、舌色的特点综合观察，全面分析，详察、详析，科学地推导出病变的程度。李玉奇认为，舌的某项特征不是孤立存在的，舌苔是脾胃之气熏蒸所致，胃气强弱的明征。健康的舌质应是淡润红活，舌神充沛。而红绛、暗紫、紫绛、淡白都是病在胃之本府的表现。故而可以说舌质愈红，愈无苔，则病势发展愈快，病情愈险恶，这是萎缩性胃炎进展、恶化的关键征象。若能把舌的体、形、质、苔综合分析，就能正确诊断疾病。舌苔在判断胃病病势深浅方面有着重要的意义。舌苔薄白，状如白纱覆盖，表明胃腑无病。若有病亦是病势尚浅，多在气分。无苔则病势较深，多在血分。在疾病过程中，有苔变无苔为病在进展；无苔变有苔，且苔薄如纱为疾病向愈。舌面愈光滑、愈无苔病情愈重。乃胃气欲绝，阴阳互不维系所致。

舌为心之苗，脾之外候，苔乃胃气所化，熏蒸所生。故而心脾胃肠之疾患最易在舌之形体苔色方面表现出来。李玉奇观舌识病所取得的成就和观舌诊病的独到经验，是对中医学说的一大贡献。它证明中医学是一个发掘不完、取之不尽的宝库。

疑难陈旧病　治则有新法

1973年8月3日，医院转来一位病情危急的患者。家属点名请李玉奇大夫救命。患者姓高，男，44岁，沈阳制鞋厂工人。罹患中风病。几次投医无效，慕名前来求治。当时检查：病人瞳孔散大，神昏不语，鼾声大作，流涎，四肢不用，呼吸急促，二便失禁，体温38.9℃。脉来洪大有力，口噤肢软。确诊为蛛网膜下腔出血。给以中西医结合治疗。李玉奇立即处方：真牛黄2g，真麝香1g，珍珠5g，安宫牛黄丸两丸，共研为汁状，经鼻饲灌入，1日2次。不料1周后病情急剧恶化。西医仍采取对症治疗，别无他法。李玉奇继续用安宫牛黄丸两丸，配真牛黄3g，真麝香2g，珍珠

15g，苏合香丸1丸，共研如汁状，鼻饲灌入。1日2次。两周后，病人体温降至38℃，病势遂趋平稳，呼吸渐匀，痰鸣渐减，但依然神志不醒。经会诊认为，仍未脱离险情。征得家属同意并签字后，李玉奇决定采取第二治疗方案，即在原方基础上加入水蛭炭。通常认为，脑出血禁用活血化瘀药，而水蛭恰恰是活血化瘀之药。此为医家用药之大忌。古今医家用水蛭治疗脑中风者尚不多见。李玉奇则认为，水蛭具有双向作用，它既能破血，亦能吮血，而吮血则可加速吸收瘀血。经过炭化处理亦可降低活血而增加止血功能。于是重新调整处方如下：水蛭炭1g，安宫牛黄丸两丸，真牛黄1g，真麝香1g，珍珠5g，共研末调成汁状，鼻饲，1日3次。两周后，病情明显好转：下肢渐能活动，瞳孔接近正常，体温降至37.8℃，脉来弦细。李玉奇再将水蛭炭由1g增加到5g，按此法继续治疗。两周之后，病人突然醒来说话。语言不再謇涩，记忆一如往日。体温降至37℃，脉来和缓，四肢活动趋于自如。于是拔去胃管，自进流食。家属的喜悦与感激之泪簌簌如雨，实难言状。昏迷了43天的脑中风病人康复出院了。留给李玉奇的是一面鲜红的锦旗，上绣金色的四个大字——起死回生。

李玉奇认为，医生不但要向前人学习，向书本学习，更应在实践中向病人和疾病学习。前人的经验只有与今天的实践相结合，医理、医术才能发展和进步。他常说：“我李玉奇治疗疑难沉疴的这点本事，几乎都是在临床实践中摸索出来的，是从上百个病案中总结出来的。”再举几例如下：

（一）肾病：肾脏疾病和因此而产生的慢性肾功能衰竭，属中医水气病、关格范畴。水气病日久不愈，累月积年，邪伤于肾，渐积而成。究其病证之本，乃肺脾肾三脏功能失职，三焦气化不利，湿浊蕴郁化为毒邪，充斥表里，弥漫三焦，上蒙清窍，下伤肝肾，内困脾胃，邪气愈盛，正气愈虚而成此证。本病病情缠绵无法痊愈的原因是致病邪气有不同于一般疾病的特点。一是本病的致病邪气是湿毒浊邪为患，毒性甚剧，伤人脏腑重，耗伤气血甚；二是此邪性善内伏待机而起，当机体稍受六淫之袭，或起居失宜，或七情不调，则内伏之湿毒浊邪即乘机而起，攻击脏腑，耗其气血，令人再病；三是此邪根深蒂固，一般疗法只能消其势，不能除其根。余邪内蕴，日久复盛再发，故而导致病情缠绵，病势危重，容易复发，难以治愈。李玉奇治疗本病以祛邪为先，酌施补益，实为治疗良法。李玉奇认为，根据患者病情发展的不同时期和阶段出现的不同症状，可将此肾病分为四种证型，并予以不同的治疗法则：

第一，以恶心呕吐、尿少或闭塞不通为突出症状者，定为湿浊中阻关格证。治以除湿降浊、助阳化气、流通气血之法。药用藿香、佩兰、豆蔻、半夏、竹茹、陈皮、白术、砂仁、防己、茯苓、大腹皮、车前子、泽泻、商陆、菟丝子、仙茅、大黄等。

第二，以高度浮肿、四肢不温为突出症状者，定为湿浊不化水肿证。治以温阳益气，化气行水法。药用人参、黄芪、附子、桂枝、茯苓、泽泻、车前子、葶苈子、防己、大腹皮、金衣等。

第三，以面色苍白、口唇爪甲无华、衄血尿血、手足心热为突出症状者，定为湿浊化热动血证。治以清热化浊、凉血止血法。药用大黄、黄柏、玄参、胡黄连、地骨皮、犀角（现已代用）、栀子、槐花、生地榆、墨旱莲、小蓟等。

第四，以眩晕、恶心、纳呆食少、苔白腻为突出症状者，定为湿蔽清阳眩晕证。治以化湿降浊、清头明目法。药用半夏、白术、天麻、胆南星、陈皮、竹茹、菊花、黄芪、石决明、砂仁、豆蔻、鸡内金、焦三仙等药。

以上四症有时一症独至，有时二症同见。因此，在治疗上有时一法独进，有时二法合施，临证时当据脉证详加辨析，正确使用。但是临床若见神志昏聩、抽搐反张之象，为湿毒化热内陷心包，扰动肝风所致，则慢性肾功能衰竭已病入膏肓。

以上内服中药还不足以完全实现泄浊解毒为急的目标，特别是患者恶心呕吐，内服药物常难发生效力，故而改变给药途径，便成为至关重要的方法。李玉奇吸取各家之经验，结合个人的临床药物，研制成降氮方药，保留灌肠，取得了比较满意的疗效。降氮方主要药物为：大黄、红花、附子、白头翁等。本方似很平常，但大黄的用量不同一般，本着治此顽疾祛邪为急之宗旨，重用大黄通腑泄浊，用量达一两，并取白头翁清热解毒、抑制和杀灭肠中细菌之功能，减少发酵，减轻对氮的吸收，故疗效显著。

（二）慢性白血病：现代医学中的许多疾病，历代中医方书均未记载，故而今时之医也就无成方可循，无成法可依，无成理可遵。这种情况并不少见，怎样办？既不能把患者推出去不管，又不能滥治。因此要仔细进行研究，只有遵照中医辨证求因、审因论治这一法则，设法把它归属中医的一个病或一个证，才能在茫然中理出头绪。先将其命名为一个病症，再按病因病理制订出一个合理的治疗原则和一个具体的方法，从而也就能拟定出方剂了。

现代医学中的白血病，就是如此。白血病有急性、慢性之别，二者在临床表现上迥然不同。根据临床表现的不同，用中医理论分析，也自然可以把它们命名为两个不同的病证。李玉奇认为，慢性粒细胞性白血病，应以脾肿大为主要病证，而以面色晦暗无华、疲惫乏力、心悸气短为主症。这些表现均是气血亏虚、脏腑衰弱所致，与虚劳的病证本质相同，但其突出特点是同时具有脾脏肿大，而虚劳证则没有脾脏肿大。因此，李玉奇认为，可以把慢性粒细胞性白血病归属于虚劳证范畴之中，但又是一种特殊的虚劳证。急性粒细胞性白血病的临床特点虽然也有慢性粒细胞性白血病的气血阴阳亏虚和脏腑衰弱的本质，但是它是急性过程。发病后须臾便呈现虚劳证的本质。病程短、病势凶、预后险恶是其病证主要特征。这样就可以把这两个中医方书未曾记载的疾病归属于两个比较恰当的中医病证之中，从而也就可以据此辨证论治了。综上所述，急、慢性白血病均属虚劳脱血证范畴，只不过病情的急慢不同而已。

辨证论治是中医认识疾病和治疗疾病的基本方法，也是中医学对疾病的一种特殊的研究方法。它是中医理论的基本特点。用它指导进行临床研究，再行剖析揆度，正确地命名、诊断和辨证论治，就能有所发明，有所创造，有所前进。

慢性粒细胞性白血病，既然属于虚劳癥积证，又为血毒所发，故其治疗可一遵古人治积之法，二遵先贤治毒之教。治积可遵张景岳之论：“凡治积聚，不过四法：曰攻、曰消、曰散、曰补。”陈士铎也说：“病坚劲而轻易散者，当用软攻。此血气坚凝，法当补血补气之中，少加软坚之味，则气血活而坚自消。”这些都是先贤治积的经验。我们治虚劳证也理应如此。治毒之法须知邪毒郁久势必化热。故其治疗当解毒清热并举。因此，慢性粒细胞性白血病的治疗，其法应是：清热解毒，化瘀消坚，益气补血。

（三）心绞痛：心绞痛之症，其病情危重。发作之时，就其舌脉及神态表现可谓一派虚象。若以虚实置于标本论之，则虚为本而实为标。详析病机，其痛虽见于实，但为虚之所使。故张仲景曰:“夫脉当取太过不及，阳微阴弦即胸痹而痛。”即心主诸阳又主阴血，见疼而化瘀，见痛而活血乃庸医之为。一味活血化瘀难以尽治。综观临床所见，其证有四：一曰心阳虚衰，二曰气郁血阻，三曰痰阻心脉，四曰心阴亏损。以上四证按其病因施法，按法施方，非难为之举。然而临床欲收卓效并非易事。现今治疗本病的方剂甚多，但尚无万全之方。李玉奇通过多年临床治疗研究认为，本病治疗以辨病辨证结合为宜。本病易生变证，若脉来数疾，或促或结均示病情危笃。若症见心悸气短、面色青紫、喘促不能平卧，或脉微自汗、四肢厥逆者均为坏证，必当全力救治。

在临床医疗中有频发室早者，治疗重在豁痰散结。药取苦参、天竺黄、半夏、连翘、莲子心、瓜蒌等。心电图示房室传导阻滞者，宜温胆汤加菖蒲、丹参、川芎、防己、漏芦。若见窦缓或心房扑动者则切不可以活血，而应重在温阳，交通心肾。若见窦性心动过速，则宜导痰利气，药选桃仁、半夏、胆南星、当归、莲子心、远志、磁石。

冠心病其轻者易于施治，其重症特别是心绞痛频繁发作或心肌梗死者，常因并发心律失常、心力衰竭、休克等导致预后不良。李玉奇研究出治疗窦性心动过速、房室传导阻滞、心房扑动等症的有效药物，为治疗和研究这一疾病奠定了基础。在实践中，他常用苦参、淫羊藿、防己、夜交藤治疗心律失常，屡收疗效，纠正了治疗冠心病一味活血化瘀的弊端。辨证求因、审因论治是针对一切疾病的治疗原则和方法。治疗心绞痛多数医生习用活血化瘀之方。活血化瘀之方大多破气，而破气之药则常有伤气之弊，故必须慎用之。合理应用既活血又不伤气之方药是医生治疗此症的科学思路。活血化瘀代表方剂之血府逐瘀汤有伤气之弊，而桃红四物汤则反能益气。因为血府逐瘀汤中枳壳伤气，所以凡用活血之方治疗心脏疾患，当防其再伤已虚心气之弊。瓜蒌薤白白酒汤虽也破滞气，但未见伤气。诸如此类必详细推敲之，以求万全之治。

（四）黄疸：这里所论之黄疸，是指病毒性肝炎引起的黄疸。肝炎病之黄疸，是临床常见病证。李玉奇积50年之经验，据黄疸各期主症，按四证辨证施治，每收卓效。此四证即表证、半表半里证、里证和蓄血证。

此处所说之表证，非指发热恶寒，乃指病之初起，在表之黄疸为突出特征，可兼见身痛、呕恶纳呆、便溏。半表半里证指胁痛呕逆，咽干口苦，其证酷似少阳半表半里证，故把黄疸病出现此证，称为半表半里证。里证指脉来洪大，里热炽盛，大便干结，腹胀呕逆。蓄血证并非伤寒论之膀胱蓄血证，乃指血结成积，其主症为尿黄而短，大便秘结，肝脾肿大，面暗唇青。

表证之治重在渗利湿热，清除在肝脏之毒邪。此刻当慎用苦寒，免伤胃气，以防生恶逆呕吐不止之弊。药用通草、茵陈、虎杖、卷柏、败酱草、茅根、板蓝根、茯苓、半枝莲、冬葵子、谷精草等。此法可称清肝法。

半表半里证，治宜解毒和营、解毒攻伐在肝之邪毒，可称之为伐肝。药用柴胡、竹沥、瓜蒌、胆草、虎杖、茵陈蒿、王瓜皮、大青叶、卷柏、白茅根、芦根等。

里证宜急下不宜缓利，旨在通过泄下清除在肝脏之邪气，可谓泄肝法。药用茵陈蒿、大黄、芒硝、生地黄、败酱草、青葙子、鱼腥草、虎杖、滑石等。

蓄血证宜用活血化瘀之法治之。取桃核承气汤加冬瓜仁、槐花、青黛、苦参、生地榆、生牡蛎、当归、五味子等药。

以上四法若适时应用，或随机正确合并相参为用，必定能收到理想疗效。

李玉奇治黄之法与众不同，可谓别具一格。黄疸被列入法定传染病，一般综合医院不接诊该病患者，故多数医生接触甚少。李玉奇将黄疸病机分上述四证治疗，其论符合实际，药选精准，阐明了治黄大法。治疗四证选方均寓解毒，可谓解毒为四证治疗之基础。此法针对肝病黄疸之治疗，对致病之毒邪有痛打落水狗之意，故而能根治此病。除恶务尽在疾病治疗中也有特殊意义。

李玉奇还指出：黄疸之治施以上述四法时万万不可忘记清血分湿热，重在浮萍为君，更添虎杖为臣，此二药相互为用妙不可言。

（五）瘖瘤病：古之瘖瘤病即今之荨麻疹，系临床常见病症，反复发作，迁延难愈，甚至终身不愈。此病之轻者瘖瘤散在，身痒为苦。重者遍身瘖瘤，皮肤奇痒，难以忍受。甚则壮热呕吐，心悸气短，腹痛便血，喉头水肿。女子还可见月事失调，崩漏下血。实属痼疾顽症。

李玉奇潜心研究数十载，终获良法。依此法治疗上百例，追访三年数十例未见复发，可谓痊愈。

李玉奇把他治疗荨麻疹的方法称为“一次三步法”，一曰宣通解表法，二曰托里化瘀法，三曰荡涤净府法。

先施宣通解表法，药选浮萍、地肤子、白鲜皮、苦参、蝉蜕、紫草、荆芥、防风，水煎，日服两次。此药服后部分患者瘔瘰益增并且隆起增大。斯时切勿惊慌，此乃风药得运，湿邪得出，病邪外越之象，再连服三五剂，待全身瘔瘰渐消时便施第二法。

托里化瘀法，旨在令邪从里消解。药选苦参、大青叶、紫草、地肤子、僵虫、生地黄、牡丹皮、红花。水煎，日两服，连服三剂后施第三法。

涤荡净府法，旨在根除余邪。药选大黄、连翘、重楼、牡丹皮、当归、山豆根、紫苏叶、甘草。连服三剂，连续三法告终。

三法施完停药四周，瘖瘤未发者，按前三法治疗，每法各服两剂；若停药四周，少许瘖瘤再现者，再次依序使用三法，根除余邪。

服药期间当忌口：禁食鸡鸭，勿吃鱼虾，男人戒酒、女人忌辣。

荨麻疹证属顽疾，病家痛苦，治少良方。李玉奇研创三法，为患者送来福音。三法何以能根治其疾，因为三法之施恰对病机。疹发皮肤与肺相关，肺主皮毛，疹毒内袭，与营血相搏，结于皮肤故见瘖瘤。内伤脏腑之络，非但腹中气机不利，且络伤血溢，故而腹痛便血。首法宣通解表，取“其在表者汗而发之”之意，属治标缓急之法。二法托里化瘀，针对疹毒入络，阻遏气血、血行瘀滞。瘀滞不除，其毒难去，病症难解。二法托里化瘀并佐解毒，毒瘀双解，其病焉能不除。此乃治本之举。三法荡涤净府，旨在尽除余邪。药用大黄为君，配合诸药解余毒，洁净府、涤荡于内、尽逐毒邪，此乃澄源之法。李玉奇自拟痦瘤病治法口诀如下：

痦瘤顽疾治有方，一次三步法称强。
一法宣通解毒用，浮萍肤子鲜皮良。
苦参蝉衣加紫草，荆芥达表更加防。
二法托里又化瘀，苦参大青紫草尝。
地肤僵虫加生地，丹皮红花化瘀长。
三是涤荡净府法，大黄连翘重楼帮。
豆根归草丹苏叶，三法药后痦瘤康。

（六）先兆流产、滑胎：妊娠两月或三四个月之时，胎元不固，腹痛腰酸，阴道流血及至堕胎是妇科常见之病。该病病因复杂，诸如肥甘太过致使胞宫温热，淫欲失度损伤冲任，扭闪过力伤及胎系，忧伤心脾化源不足，先天亏损冲任虚衰等皆可致胎元不固，阴道出血而堕胎。古今医家见此病多急于止血补肾，用胶艾四物汤之属治之，然而获效者不多。李玉奇亦曾用过此法，但鲜见功效，为此不得不反复研究，详尽分析古医家有关堕胎方书和今人保胎之论，久则豁然顿悟。

小产、滑胎之病其本在于气虚不摄，冲任亏虚，精血不足，胎系不牢所致。阴道流血乃气不摄血之故，只补血止血而不补其气，血焉能止？胎焉能安？故而小产、滑胎之病实不能见血治血从血论治，必当从气论治，方用四君之类益气以摄血安胎。

多年临床经验证明，治疗此病应知三宜：一宜补脾胃不宜温肾阳。脾胃乃后天之本，化生精微，充养脏腑，填补肾精。所谓肾气不足者以胃气涵蕴即是此意。不宜直接补肾，补肾易动精血，不利胞胎之长。二宜治气分不宜治血分。气能摄血，气虚血失统摄则离经而出，妊娠后强力负重，淫欲无度，忧思恼怒等皆能伤及正气，故而血失统摄，胎系不牢，胎元不固而胎堕。三宜凉血补脾，不宜滋补肝肾。胎前无寒，产后无热，世医皆知。凉血则能清热，补脾则能益气，益气则能安胎，所谓芩术为安胎圣药即是此意。妊娠之后，妊妇脾胃多虚，食少纳呆、呕吐乃常见之症。若滋补肝肾之阴，因其药多滋腻太过易于伤脾，而导致脾胃愈虚。若补益其阳，又不利于胎前之热，所以说凉血补脾为宜，滋补肝肾当忌。

李玉奇学术思想和风格常别出心裁、与众不同。治小产是其学术风格的又一体现。他认为，学古不泥古，要有所创造，有所前进。他常说："金元四大家，我很佩服，尽管他们学术思想各有所偏，但他们各树一帜，独成一派，是值得钦佩和学习的。"只有努力求索，锐意创新，形成自己与众不同的学术风格和特点，医学才能不断进步。

育英才传承国粹
中医药走向世界

李玉奇不仅勤于临床实践和探索求新，而且十分重视总结经验和提升理论。他笔耕勤奋，著有《中医验方》、《医门心镜》、《萎缩性胃炎以痈论治与研究》、《脾胃病与胃癌癌前病变研究》、《胃脘痛的临床研究》、《冠心病临床刍议》、《荨麻疹治则探究》、《小品话温病》、《望诊的宏观作用》、《脑中风论治》、《黄疸病从证琐谈》、《肾炎临床辨证施治一求》以及《中国百年百名中医临床家丛书·李玉奇》等。这是李玉奇一生心血的结晶，也是中国中医药宝库的珍贵财富。

作为中医教育家，李玉奇特别重视中医的传承和中医药人才的培养工作。李玉奇是辽宁中医学院（现辽宁中医药大学）及其附属医院的创建者和开拓者。他将毕生精力献给了中医临床和教学工作。从20世纪50年代组建教师队伍到现在，60多年来，李玉奇倾巨大精力于教书育人的大业。李玉奇是教授、博士研究生导师。他治学严谨，精心育人。迄今为止，已培养了40余位弟子传人，其中有全国老中医药专家学术经验继承工作指导老师两人，省级名中医四人，形成了由老、中、青三代构成的薪火相传的学术梯队。直到他年逾九旬的时候，还仍坚持为年轻大夫讲课。每次前来听课的医生都挤满了教室。

辽宁中医药大学附属医院主任医师、博士研究生导师、辽宁省名中医郭恩绵教授是李玉奇的弟子。跟随李玉奇学习多年，对老师学术的严谨、为人的淳朴、对患者服务的细致钦佩不已。他说，李玉奇老师教授学生从来不保守，总是倾囊相授。学生们不仅从他那里学到了精湛的医术，更学到了为医、做人的美德！

中医药学是中国文化的奇葩，是中华的国粹、至宝。运用先进的科学技术研究古老的中医药学，使中医药学与时俱进，发扬光大，造福于中国，造福于世界是李玉奇的心愿。李玉奇认为，既然西医能够传入中国，中医当然也可以走向世界。特别是在国力日益强盛、中外交流日益频繁的今天，中医一定能够走向世界。李玉奇说，现在，找中医大夫看病的外国友人多起来了，来华学习中医的外国朋友也多起来了。中医药学已开始成为世界医药卫生事业的重要组成部分了。在几十年为外国友人看病的实践中，李玉奇和他精湛的医术已经享誉海外。

1989 年，应前苏联卫生部长的邀请，李玉奇赴莫斯科洽谈在苏联某疗养院成立中医馆事宜。

1991 年，李玉奇以个人号召力，在沈阳组织召开了中医药国际学术研讨会，并亲自主持。

来自十多个国家和地区的医学科学界人士700多人，共同研讨中医药学的历史、现状和发展前景。会议的重要成果之一就是扩大了中医药在世界的影响。

同年，李玉奇应邀率团出席在斯里兰卡首都科伦坡举行的第24届世界传统医学大会，并在主席台就座。在会上，他做了“中国传统医学将为世界人类健康作出巨大贡献”的报告，令西方医学界为之震动。斯里兰卡国际医学交流大学为此授予李玉奇“传统医学博士”学位。该国政府还授予李玉奇“红宝石”勋章。斯里兰卡总统夫人在会上代表总统亲自为李玉奇颁发了勋章和学位证书。这是中国中医界首次在世界医学大会上获此殊荣。

1992年，李玉奇应邀前往美国斯坦福大学的中药科学研究中心访问。该中心负责人有意留李玉奇在美国行医，并承诺可以为他办理全家移民。但是李玉奇不假思索，断然谢绝了对方的请求。之后在纽约，该中心为李玉奇举办了一场记者招待会。时任中国驻联合国大使也出席了招待会。来自美国各大媒体的记者提出了很多关于中医乃至中国的问题，李玉奇应对自如，一一作答，展现了中医的魅力和中国人的尊严。

李玉奇在他近70年的行医生涯中，尽心竭力为患者诊治，奉献着他全部的知识与能量，时时刻刻心系中医发展，全心全意为中医事业而奋斗。他一生清贫守志，将全部心血奉献给了中医事业，福泽中医后辈和广大患者。

“中华传统文化是世界文明之瑰宝，中医是华夏文明之奇葩，是祖先给我们留下的宝贵遗产。老骥伏枥，志在千里。我希望能在有生之年发挥余热，把我的医术、思想传授给更多的医生，让他们把中医事业发扬光大!”这是国医大师李玉奇的心声。

以自然之药疗人体之偏
以养心之术行保健之道

李玉奇认为，医生的任务应该有两项。一是看病治病，使已病之人恢复健康，所以应该精研治病之术。二是研究和宣传养生保健之学，使未病之人学会防病，不得病，少得病，免受病患之苦。所以，保护未病者的健康也是医生的一项神圣任务。李玉奇希望人人都懂一点养生之道，都能掌握一点保健之术，进而创造一个人人善养生、老少都健康的社会。家为乐园，国是乐土，大家共享少病、无病的健康生活，那该多好。到那时，“福如东海，寿比南山”就可能不再是理想了。

李玉奇认为，求医吃药只能祛病，学会养生才能维护健康，享受健康。疾病与健康是对立的，又是可以互相转化的。病从何来？《灵枢》有云："百病之始生也，皆生于风雨寒暑，阴阳喜怒，饮食居处，大惊卒恐。"这是致病之因。防病之术是什么？反其道而行之是也。将这些致病的祸患防止了，把危害健康的这些因素消除了，我们便可以得到健康，享受健康。所以医家历来所劝导的慎嗜欲，慎寒暑，慎饮食，慎烦劳，慎喜怒悲恐等，就成了养生防病的要诀。倘若使每个人都知道怒伤肝、忧伤肺、思伤脾、恐伤肾、惊伤胆、悲伤心的道理，并学会化解这些极端情绪的方法，那我们的病患之苦就会少一点，而健康带来的幸福和快乐就不言而喻了。

李玉奇不但以防病、保健养生的道理劝勉病人，告诫众人，而且特别注重自身的实践和体验。他说，医生的健康不仅是个人和家人的企盼，也是患者的希望。

李玉奇认为，养生也需立志，要有保卫健

康的决心。保健的措施很多，但功效出自有恒。几十年来，他只坚持了三条：

第一，饮食起居有规律。饮食和睡眠是人体存活和健康的基本条件。一个人只有吃好、睡好，才能强健肌体，养足精神，才能为国为家尽智尽才尽力。李玉奇说："吾起居有时，饮食有规。每日卯时随日出而起，缓带宽服漫步于庭。夏日则信步林荫，冬月则踏雪户外。伸臂摇颈，活动筋骨，摧动血脉，缓步数千米而返。晚餐之后，或头戴明月，或肩掮北斗，缓步慢行一小时。日日如此，归来时自然身轻目明……戌亥之时（戌时为晚七至九点，亥时为晚九至十一点）宽衣入榻。如是日复一日，年复一年，至今已有半个多世纪了……"

李玉奇告诫，睡觉应有禁忌：睡前不可进食，切勿恼怒；不可忧虑，也不可兴奋；不可迎风而卧，更不可以被蒙头。要心静气平，心脑空空然，一心思睡。

至于饮食，李玉奇说，饭菜勿偏爱。饭吃五谷，菜食百味。多吃蒸煮食物，少吃甜咸和煎炸食品。各色饮料少喝，清淡开水多饮。不挑不拣，营养完全。厌食偏食，营养不全。营养不全就容易得病。饮食是一件快乐的事。进餐时要心绪平和，神情愉悦。盛怒之下，不宜进食；悲伤泪下之时，不宜进食；疲劳过度之时，也不宜立即进食；孕妇、产妇和病后之人，更不得暴饮暴食。身体是本，健康是福，眠食二字，人生之大事，养生之根本。人人都应该养成健康的睡眠习惯和饮食规律。

第二，调整情志，愉悦身心。李玉奇常说："人非木石，喜、怒、哀、乐实属常情。但是心不可过劳，情不可过激。情志变化过激最容易影响人的身心健康。所以必须竭尽一切可能，施用最佳之法，抵制过激过度的喜怒哀乐。如果某时某地，因某事欲发盛怒或大悲，我的办法是即刻离开，到别处走走，避开致怒饮悲之地，不思致怒致悲之事。怒伤肝而悲伤心。我们的许多病几乎都是从悲伤惊恐的‘情’与‘气’上来的。”所以李玉奇认为，调节情志，使心态平和实为养生之大法。

李玉奇认为，修炼平和情志有一个极好的方法，就是写字作画或读书看报。李玉奇从小喜欢书法，曾受银州大书法家陈秉初老先生的亲传指教，所以写得一手好字。他还喜欢绘画，特别爱画竹子。几十年来，不但自己以书画自娱自乐，视为养生健体之一法，而且还常常为友人写字作画，以馈赠为乐。一旦生活上遇到不能排解的情绪，就画几幅竹子，或写几幅字，然后伫笔凝神欣赏绿竹之高洁挺拔，赞一番中华书法之盖世神韵。然后静静地将书画撕掉、扔掉，于是便将烦恼抛却一空了。

第三，体脑运动，劳逸有度。李玉奇说，世间万物的存在与发展都贵在“运动”二字。人的成长与健康也有赖于运动、活动、劳动。

肢体动则健，不动则衰。大脑亦然，用则进，不用则退。愈用愈健，愈用愈灵。所以，李玉奇说，他的大脑常常处于思考、运用的状态。思什么？因为是医生，所以思医道，思药理，思病案，思教学内容，思事业发展就是头脑活动的常态。总之，要思积极的向前向上的事情。体力劳动和脑力劳动是人类区别于其他动物的基本特征，是两项高尚的功能。人人都应该学会这两项劳动。但要适度、适量，切记过劳无益和过犹不及的古训。劳动可以创造世界，劳动也可以发展智慧，增进健康。饱食终日、无所事事，不仅可以丧志，还会致病损寿呢。

李玉奇并不反对烟与酒。凡事都有个“量”与“度”。烟酒亦然。多则为患，可致病，可致命，而少则可以提气益神。李玉奇诗曰：“烟酒原本为佳珍，适度少用可提神。过量成癖损脏腑，伤身减寿当审慎。”

李玉奇养生保健不仅以上述三项行于己，

劝于人，而且还自拟了《三字养生经》劝世。谨摘几则如下：

人到老，生理变；退休后，失落感；
多疑虑，好妒忌；易发怒，易悲泣。
管闲事，生闷气；痴呆症，须警惕；
气要平，心要宽；不自弃，要自强；
乐在心，笑在颜；远烦恼，寿自长。

人虽老，不甘弱；为家国，献余热。
学书法，学绘画；学弹琴，自得乐。
读书报，有定时；广见闻，情愉悦。
勿震怒，勿悲泣；精气神，要洒脱。
外出时，须结伴；或游园，或爬山。
或跳舞，或打拳；漫步走，边聊天。
开心事，多谈谈；少暴怒，多见谅。
热闹处，少问津；僻静处，多留连。
广志趣，多爱好；心如春，不服老。
晚霞红，夕阳照；人生路，无限好。

“莫道夕阳晚，红霞正满天。养怡之为福，强身又永年。”这就是李玉奇的希望，这就是中华医学所期盼的境界。

2011 年，当人们沉浸在农历辛卯年春节喜庆之时，噩耗传来，李玉奇因病医治无效，于 2 月 8 日 15 时 13 分在沈阳逝世，享年 95 岁。李玉奇一生清贫守志，将毕生心血奉献给了中医事业，实乃至精至诚、至仁至善的典范。

（撰稿人　王学谦　姜延威　杜维君）

《中华中医昆仑》丛书 150 位医家名录

（按生年排序）

张锡纯	丁甘仁	萧龙友	王朴诚	恽铁樵
曹炳章	冉雪峰	谢　观	施今墨	汪逢春
孔伯华	黄竹斋	吴佩衡	蒲辅周	陈邦贤
李翰卿	李斯炽	姚国美	陆渊雷	张泽生
时逸人	张梦侬	叶橘泉	王聘贤	陈慎吾
邹云翔	赵炳南	承淡安	余无言	刘惠民
岳美中	沈仲圭	秦伯未	赵锡武	韦文贵
程门雪	黄文东	赵心波	董廷瑶	吴考槃
章次公	石筱山	陆南山	张赞臣	李聪甫
刘绍武	陈存仁	朱仁康	陆瘦燕	姜春华
韩百灵	高仲山	李克绍	王鹏飞	刘春圃
金寿山	哈荔田	何世英	周凤梧	干祖望
关幼波	王为兰	任应秋	罗元恺	祝谌予
杨医亚	郭士魁	何时希	耿鉴庭	俞慎初

裘沛然	顾伯华	江育仁	邓铁涛	门纯德
刘渡舟	尚天裕	朱良春	李玉奇	程士德
尚志钧	赵绍琴	董建华	米伯让	李辅仁
张珍玉	班秀文	颜正华	于己百	颜德馨
路志正	方药中	王乐匋	黄星垣	谢海洲
余桂清	何　任	王子瑜	程莘农	陈彤云
焦树德	张作舟	张　琪	李寿山	张镜人
王绵之	方和谦	印会河	王玉川	蔡小荪
李振华	马继兴	王嘉麟	宋祚民	刘弼臣
王雪苔	刘志明	吴咸中	李今庸	任继学
裴学义	王宝恩	周霭祥	贺普仁	唐由之
赵冠英	许润三	金世元	陆广莘	刘柏龄
徐景藩	吉良晨	吴定寰	沈自尹	王孝涛
张灿玾	周仲瑛	强巴赤列	张代钊	李经纬
郭维淮	柴松岩	苏荣扎布	陈可冀	李济仁
夏桂成	郭子光	巴黑·玉素甫	张学文	陈介甫